AF205727

Impressum
Verlag: BABADADA GmbH, Nedderfeld 112 , 22529 Hamburg
Geschäftsführer / Verlagsleitung: Harald Hof
Druck: Books on Demand GmbH, In de Tarpen 42, 22848 Norderstedt

Imprint
Publisher: BABADADA GmbH, Nedderfeld 112 , 22529 Hamburg, Germany
Managing Director / Publishing direction: Harald Hof
Print: Books on Demand GmbH, In de Tarpen 42, 22848 Norderstedt, Germany

sekolah

škola

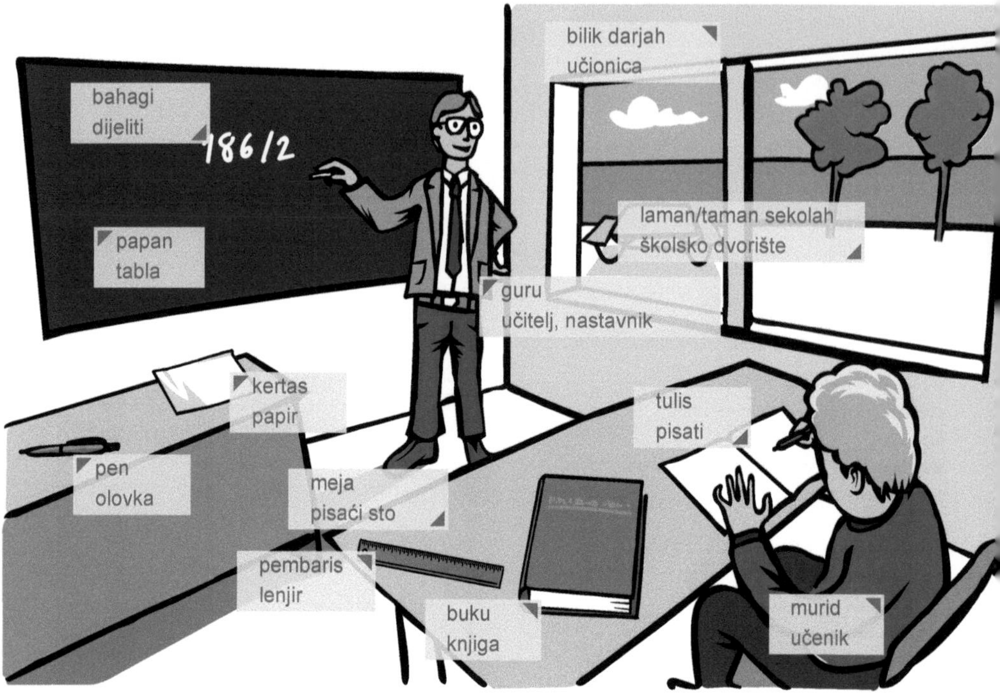

bilik darjah
učionica
bahagi
dijeliti
186/2
papan
tabla
laman/taman sekolah
školsko dvorište
guru
učitelj, nastavnik
kertas
papir
tulis
pisati
pen
olovka
meja
pisaći sto
pembaris
lenjir
buku
knjiga
murid
učenik

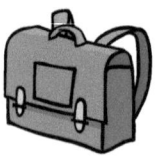

beg galas

torba

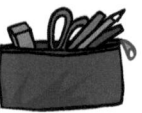

kotak pensel

pernica

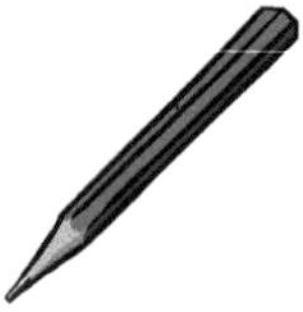

pensel

drvena olovka

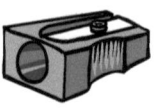

pengasah pensel

šiljalo za olovke

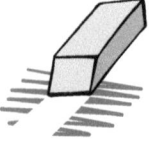

pemadam

gumica

kertas lukisan

blok za crtanje

melukis
crtež

berus lukis
kist

kotak warna
kutija s bojama

gunting
makaze

gam
ljepilo

buku latihan
vježbanka

kerja rumah
domaća zadaća

12

nombor
broj

2+2

tambah
sabirati

5-2

tolak
oduzimati

2×2

darab
množiti

kira
računati

A

huruf
slovo

ABCDEFG HIJKLMN OPQRSTU VWXYZ

abjad
abeceda

hello

kata
riječ

teks
....
tekst

baca
....
čitati

kapur
....
kreda

pelajaran
....
sat

daftar
....
školski dnevnik

peperiksaan
....
ispit

sijil
....
svjedočanstvo

uniform sekolah
....
školska uniforma

pendidikan
....
izobrazba

ensiklopedia
....
leksikon

universiti
....
univerzitet

mikroskop
....
mikroskop

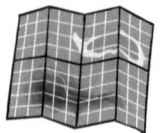

peta
....
karta

bakul sampah
....
korpa za papir

sekolah - škola

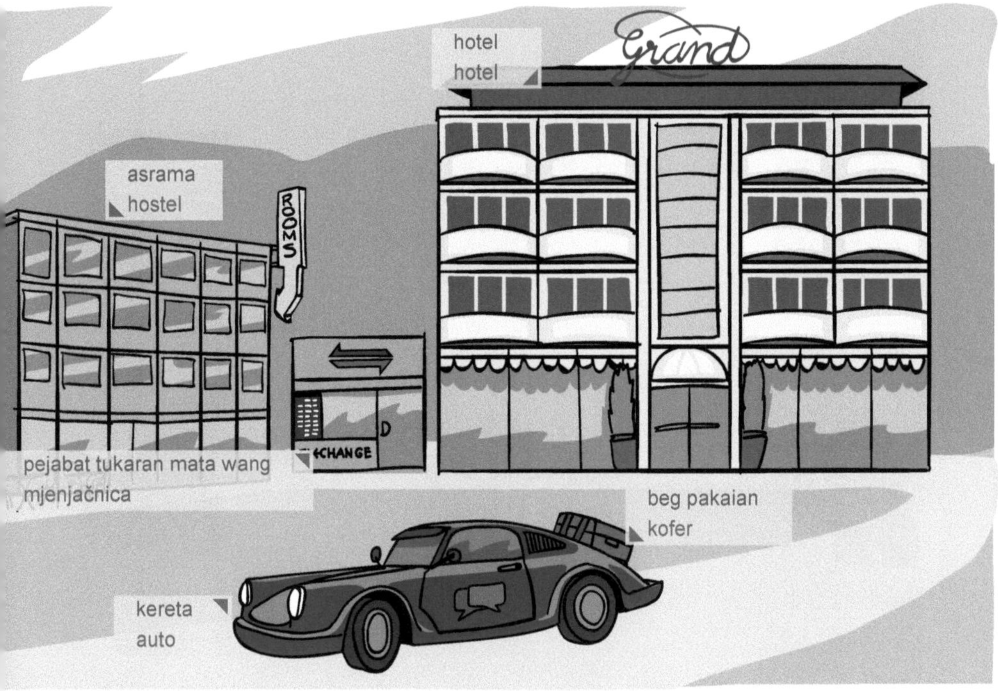

hotel
hotel
Grand
asrama
hostel
ROOMS
EXCHANGE
pejabat tukaran mata wang
mjenjačnica
beg pakaian
kofer
kereta
auto

bahasa
jezik

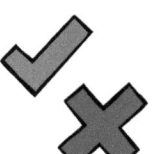

ya / tidak
da / ne

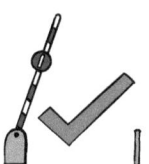

okey
okej

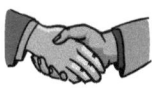

helo
zdravo

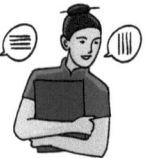

penterjemah
tumač

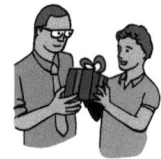

Terima kasih
hvala

berapa banyak...?

Koliko košta...?

saya tidak faham

Ne razumijem

masalah

problem

Selamat petang!

dobro veče!

Selamat Pagi!

Dobro jutro!

Selamat Malam!

Laku noć!

selamat tinggal

doviđenja

arah

smjer

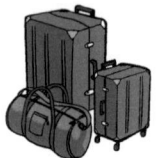

bagasi

prtljag

beg

torba

beg galas

ruksak

tetamu

gost

bilik tidur

soba

beg tidur

vreća za spavanje

khemah

šator

maklumat pelancong

turističke informacije

pantai

plaža

kad kredit

kreditna kartica

sarapan

doručak

makan tengah hari

ručak

makan malam

večera

tiket

putna karta

lif

lift

setem

poštanska markica

sempadan

granica

kastam

carina

kedutaan

ambasada

visa

viza

pasport

pasoš

berjalan - putovanje

7

pengangkutan

transport

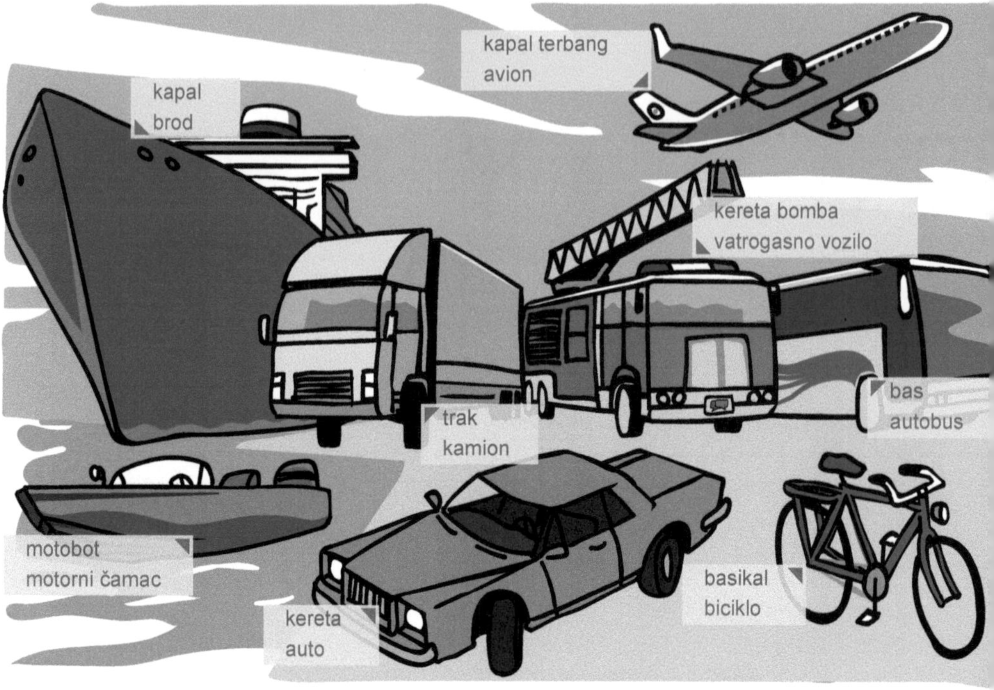
kapal terbang
avion
kapal
brod
kereta bomba
vatrogasno vozilo
bas
autobus
trak
kamion
motobot
motorni čamac
basikal
biciklo
kereta
auto

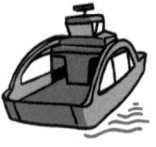

feri

trajekt

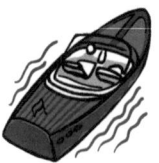

bot

brod

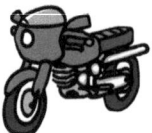

motosikal

motocikl

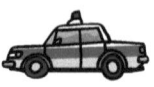

kereta polis

policijski automobil

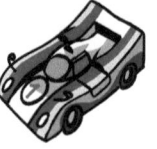

kereta lumba

trkaći automobil

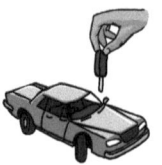

kereta sewa

unajmljeni automobil

berkongsi kereta

kar-šering

trak tunda

pauk

trak menolak

smećarsko vozilo

motor

motor

bahan api

gorivo

stesen minyak

benzinska pumpa

tanda trafik

saobraćajni znak

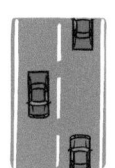

trafik

saobraćaj

kesesakan lalu lintas

zastoj

tempat parkir

parking

stesen kereta api

željeznička stanica

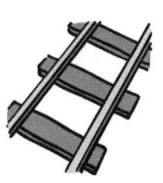

trek

šine

kereta api

voz

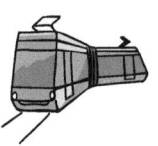

trem

tramvaj

gerabak

vagon

helikopter
helikopter

lapangan terbang
aerodrom

Menara
toranj

penumpang
putnik

bekas
kontejner

kadbod
karton

kart
tačke

bakul
korpa

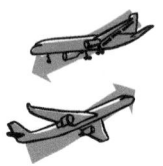

berlepas / mendarat
poletjeti / sletjeti

bandar
grad

kampung
selo

pusat bandar
centar grada

rumah
kuća

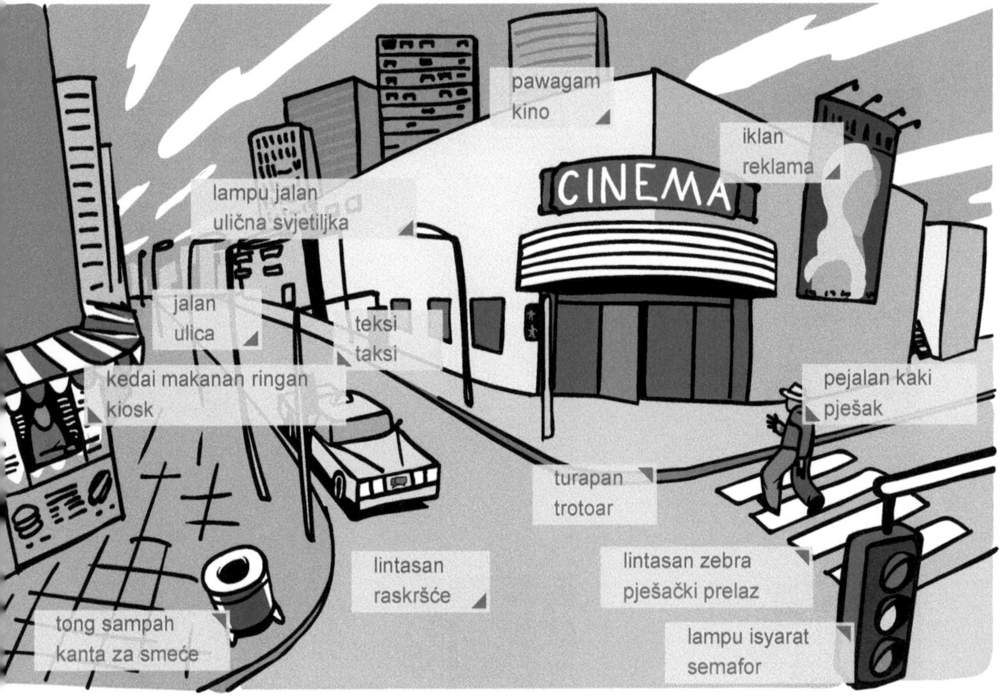

pawagam
kino

iklan
reklama

lampu jalan
ulična svjetiljka

jalan
ulica

teksi
taksi

kedai makanan ringan
kiosk

pejalan kaki
pješak

turapan
trotoar

lintasan
raskršće

lintasan zebra
pješački prelaz

tong sampah
kanta za smeće

lampu isyarat
semafor

pondok
koliba

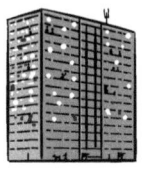

flat
stan

stesen kereta api
željeznička stanica

dewan bandar
vjećnica

muzium
muzej

sekolah
škola

universiti

univerzitet

bank

banka

hospital

bolnica

hotel

hotel

farmasi

apoteka

pejabat

ured

kedai buku

knjižara

kedai

radnja

kedai bunga

cvjećara

pasar raya

supermarket

pasaran

pijaca

gedung

robna kuća

penjual ikan

prodavač ribe

pusat membeli-belah

trgovački centar

pelabuhan

luka

taman
park

bangku
klupa

jambatan
most

tangga
stepenice

bawah tanah
podzemna željeznica

terowong
tunel

hentian bas
autobuska stanica

bar
bar

restoran
restoran

peti surat
poštanski sandučić

papan tanda jalan
saobraćajni znak

meter parkir
sat za naplatu parkinga

zoo
zoološki vrt

kolam renang
bazen

masjid
džamija

ladang
seosko imanje

pencemaran
zagađenje okoline

tanah perkuburan
groblje

gereja
crkva

taman permainan
igralište

kuil
hram

landskap
krajolik

daun
list

tiang tanda
putokaz

jalan
putokaz

padang rumput
livada

batu
kamen

pokok
drvo

pejalan kaki
putnik

sungai
rijeka

rumput
trava

bunga
cvijet

lembah
dolina

bukit
brdo

tasik
jezero

hutan
šuma

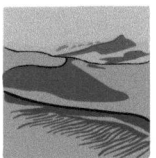

padang pasir
pustinja

gunung berapi
vulkan

istana
dvorac

pelangi
duga

cendawan
gljiva

pokok kelapa sawit
palma

nyamuk
komarac

terbang
muha

semut
mrav

lebah
pčela

labah-labah
pauk

kumbang
buba

katak
žaba

tupai
vjeverica

landak
jež

arnab
zec

burung hantu
sova

burung
ptica

angsa
labud

babi jantan
divlja svinja

rusa
jelen

moose
los

empangan
brana

turbin angin
vjetrenjača

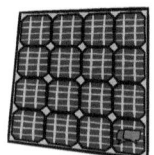

panel solar
solarni modul

iklim
klima

restoran

restoran

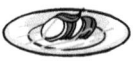

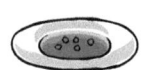

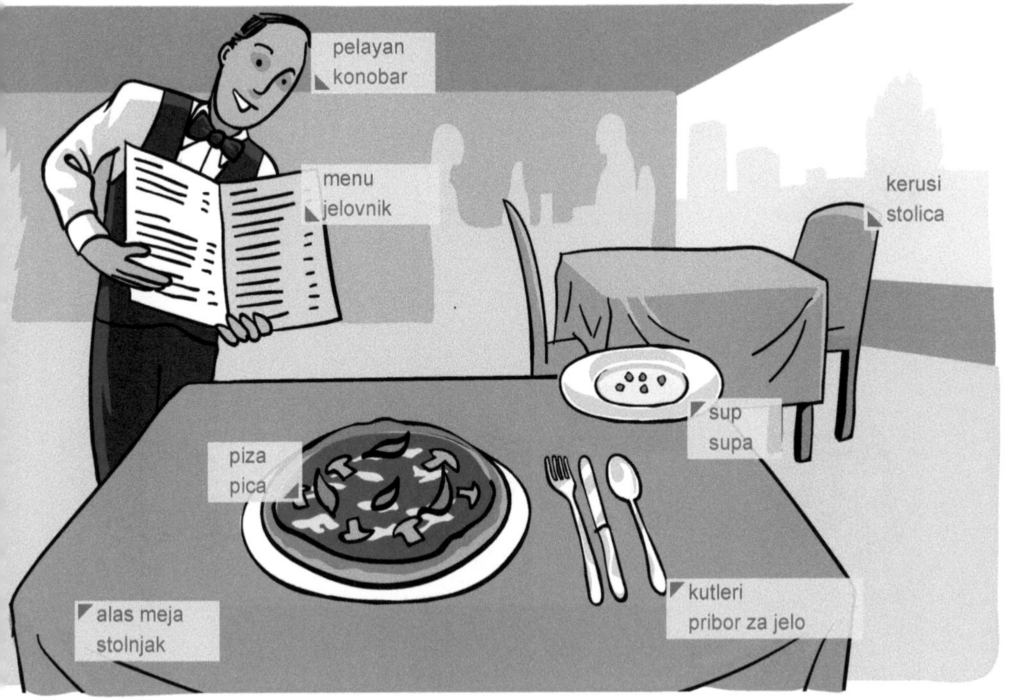
pelayan
konobar
menu
jelovnik
kerusi
stolica
sup
supa
piza
pica
kutleri
pribor za jelo
alas meja
stolnjak

pemula

predjelo

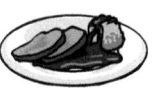

hidangan utama

glavno jelo

pencuci mulut

desert

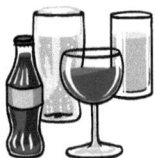

minuman

piće

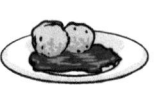

makanan

jelo

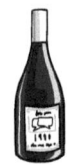

botol

flaša

makanan segera

brza hrana

makanan jalanan

jelo sa ulice

teko

čajnik

mangkuk gula

šećernica

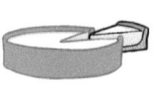

bahagian

porcija

mesin espreso

mašina za espreso

kerusi tinggi

barska stolica

bil

račun

dulang

tacna

pisau

nož

garfu

viljuška

sudu

kašika

sudu teh

kašičica

serviette

salveta

gelas

čaša

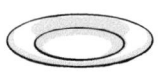

pinggan
tanjir

mangkuk sup
tanjir za supu

piring
tanjurić

sos
sos

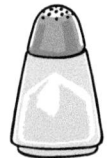

tempat garam
solanik

pengisar lada
mlin za biber

cuka
sirće

minyak
ulje

rempah
začini

sos
kečap

mustard
senf

mayones
majoneza

pasar raya

supermarket

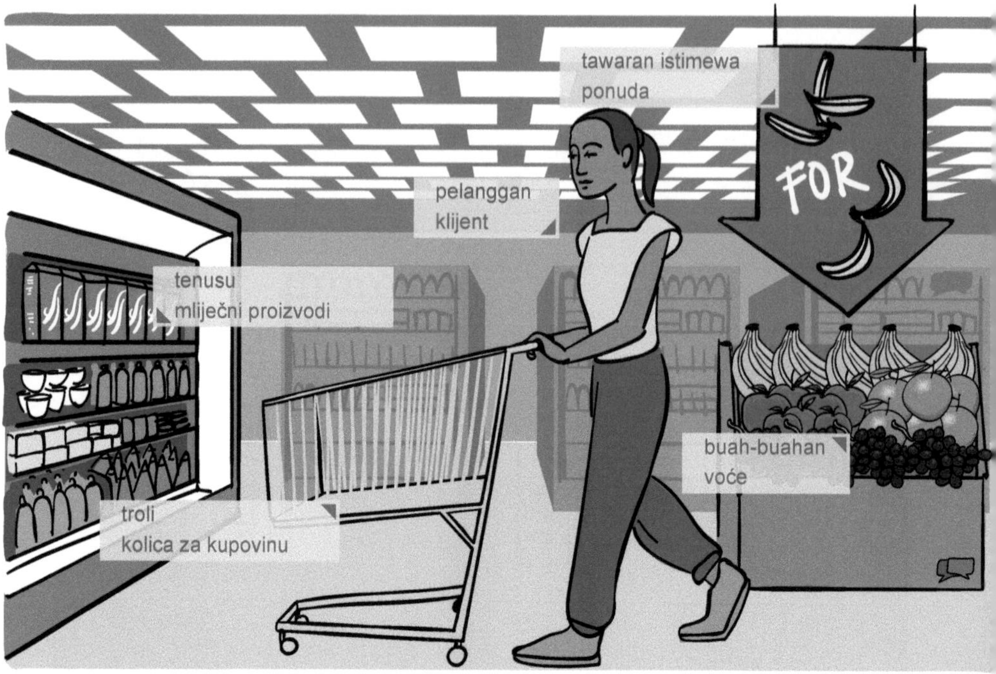

tawaran istimewa
ponuda
FOR
pelanggan
klijent
tenusu
mliječni proizvodi
buah-buahan
voće
troli
kolica za kupovinu

BUTCHERS

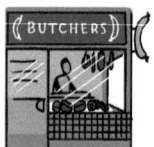

tukang daging

mesnica- klaonica

BAKERY

kedai roti

pekara

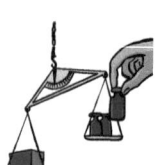

berat

vagati

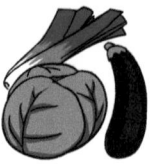

sayur-sayuran

povrće

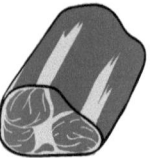

daging

meso

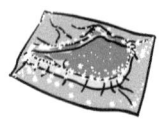

makanan sejuk beku

zaleđena hrana

daging sejuk
narezak

makanan dalam tin
konzerve

serbuk pencuci
prašak za veš

gula-gula
slatkiši

produk isi rumah
kućanski proizvodi

produk pembersihan
sredstvo za čišćenje

orang jualan
prodavačica

daftar tunai
kasa

juruwang
blagajnik

senarai membeli-belah
lista za kupovinu

waktu pembukaan
radno vrijeme

beg duit
novčanik

kad kredit
kreditna kartica

beg
torba

beg plastik
najlonska vrećica

air
voda

jus
sok

susu
mlijeko

kola
kola

wain
vino

bir
pivo

alkohol
alkohol

koko
kakao

the
čaj

kopi
kafa

espreso
espreso

kapucino
kapućino

pisang

banana

epal

jabuka

oren

narandža

tembikai

lubenica

lemon

limun

lobak merah

mrkva

bawang putih

bijeli luk

buluh

bambus

bawang

crveni luk

cendawan

gljiva

kacang

orašasti plodovi

mi

pasta

spageti

špagete

nasi

riža

salad

salata

kerepek

pomfrit

kentang goreng

pečeni krompir

piza

pica

hamburger

hamburger

sandwic

sendvič

kutlet

šnicla

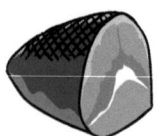

ham

šunka

salami

kobasica

sosej

kobasica

ayam

kokoš

panggang

pečenje

ikan

riba

bubur oat

zobene pahuljice

muesli

muzli

emping jagung

kornfleks

tepung

brašno

kroisan

kroason

roti roll

zemičke

roti

kruh

roti bakar

tost

biskut

keksi

mentega

maslac

dadih

svježi sir

kek

kolač

telur

jaje

telur goreng

jaje na oko

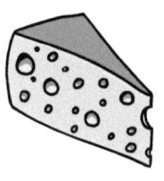

keju

sir

ais krim

sladoled

gula

šećer

madu

med

jem

marmelada

krim nougat

nugat krema

kari

kuri

makanan - jelo

ladang
seosko imanje

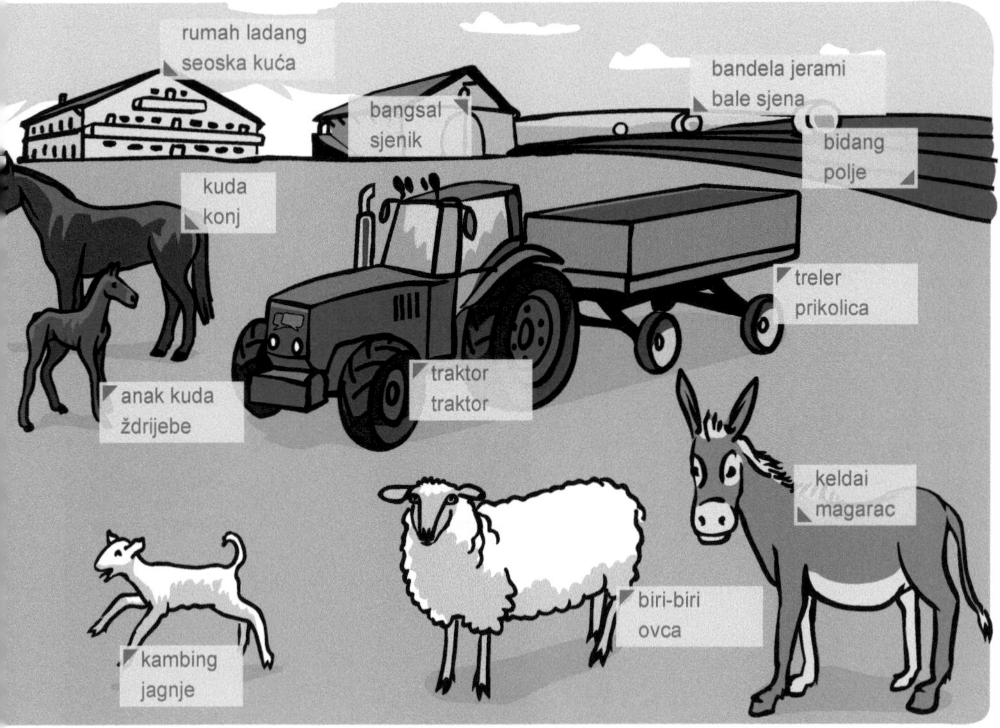
rumah ladang
seoska kuća
bangsal
sjenik
bandela jerami
bale sjena
bidang
polje
kuda
konj
treler
prikolica
traktor
traktor
anak kuda
ždrijebe
keldai
magarac
biri-biri
ovca
kambing
jagnje

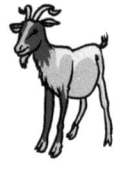

kambing

koza

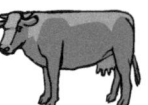

lembu

krava

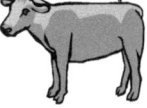

anak lembu

tele

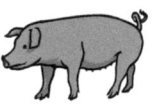

babi

svinja

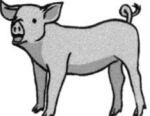

anak babi

prase

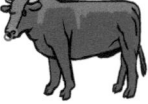

lembu

bik

angsa

guska

itik

patka

anak ayam

pile

ayam betina

kokoška

ayam jantan muda

pjetao

tikus

pacov

kucing

mačka

tikus

miš

lembu jantan

vol

anjing

pas

rumah anjing

pseća kućica

hos taman

crijevo za baštu

bekas siraman

kanta za zalijevanje

sabit

kosa

bajak

plug

sabit

srp

cangkul

motika

serampang peladang

vile

kapak

sjekira

kereta sorong

tačke

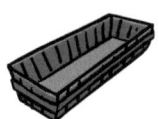

palung

korito

tin susu

bokal za mlijeko

karung

vreća

pagar

ograda

stabil

štala

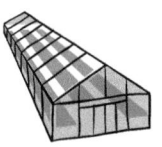

rumah hijau

staklenik

tanah

tlo

benih

sjeme

baja

đubrivo

jentuai

kombajn

tuai
....
kositi

menuai
....
žetva

keladi
....
jam korijen

gandum
....
pšenica

soya
....
soja

kentang
....
krompir

jagung
....
kukuruz

biji sawi
....
uljana repica

pokok buah-buahan
....
drvo voća

ubi kayu
....
manioka

bijirin
....
žito

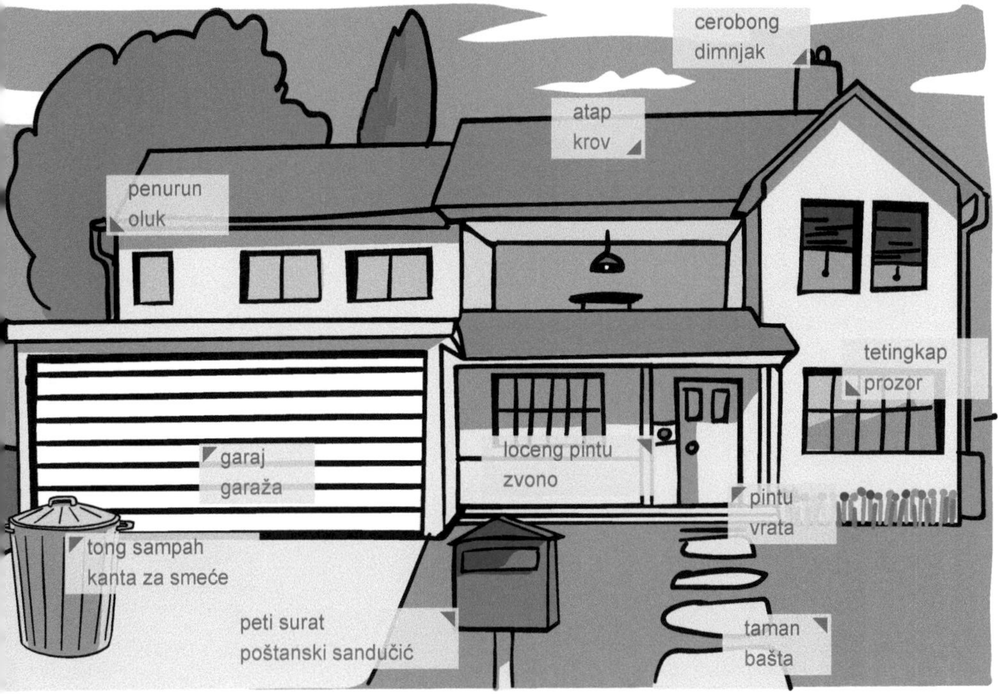

cerobong
dimnjak

atap
krov

penurun
oluk

tetingkap
prozor

garaj
garaža

loceng pintu
zvono

pintu
vrata

tong sampah
kanta za smeće

peti surat
poštanski sandučić

taman
bašta

ruang tamu

dnevni boravak

bilik air

kupatilo

dapur

kuhinja

bilik tidur

spavaća soba

bilik kanak-kanak

dječija soba

ruang makan

trpezarija

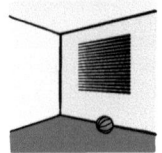

lantai

pod, tlo

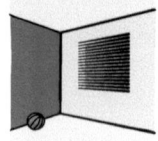

dinding

zid

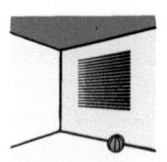

siling

plafon

bilik bawah tanah

podrum

sauna

sauna

balkoni

balkon

teres

terasa

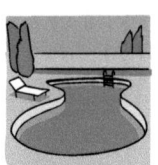

kolam renang

bazen

pemotong rumput

kosilica

lembaran

posteljina

penutup tilam

pokrivač

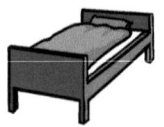

katil

krevet

penyapu

metla

timba

kanta

suis

prekidač

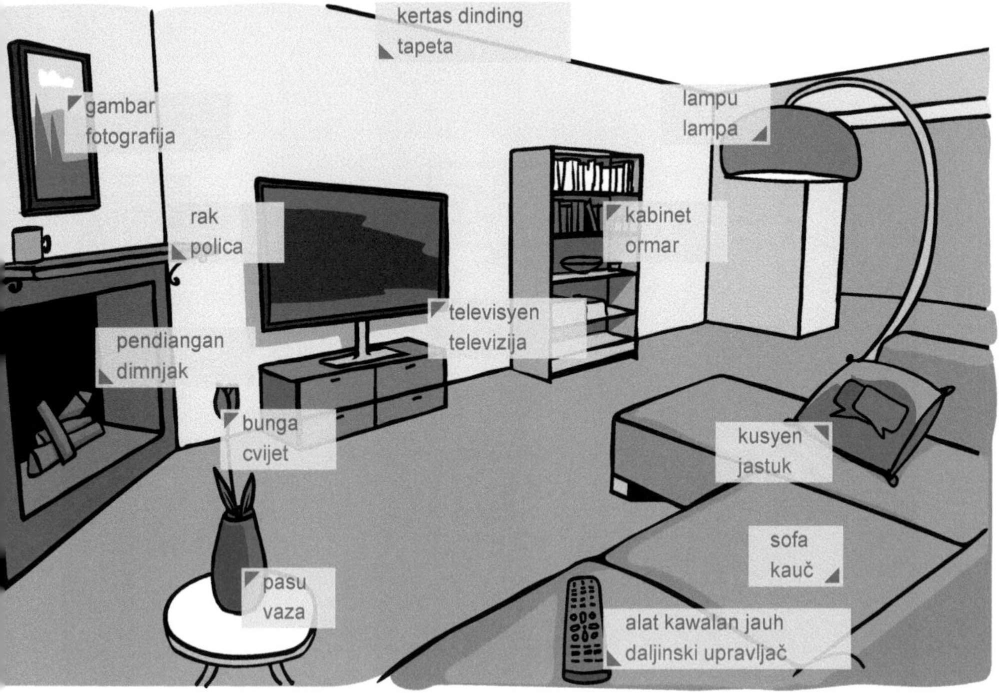

kertas dinding
tapeta

gambar
fotografija

lampu
lampa

rak
polica

kabinet
ormar

pendiangan
dimnjak

televisyen
televizija

bunga
cvijet

kusyen
jastuk

sofa
kauč

pasu
vaza

alat kawalan jauh
daljinski upravljač

permaidani

tepih

tirai

zavjesa

meja

stol

kerusi

stolica

kerusi malas

stolica za ljuljanje

kerusi

fotelja

buku

knjiga

selimut

deka

hiasan

dekoracija

kayu api

ložno drvo

filem

film

hi-fi

stereo uređaj

kunci

ključ

akhbar

novine

lukisan

umjetnička slika

poster

poster

radio

radio

buku catatan

blok za bilješke

penyedut habuk

usisavač

kaktus

kaktus

lilin

svijeća

dapur
kuhinja

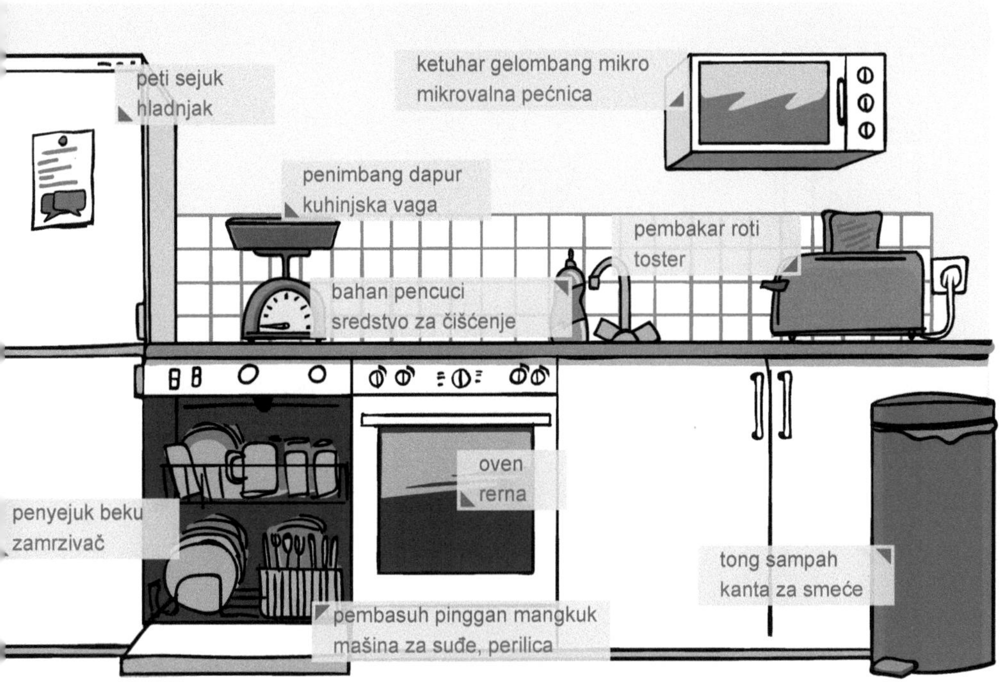

peti sejuk
hladnjak
ketuhar gelombang mikro
mikrovalna pećnica
penimbang dapur
kuhinjska vaga
pembakar roti
toster
bahan pencuci
sredstvo za čišćenje
oven
rerna
penyejuk beku
zamrzivač
tong sampah
kanta za smeće
pembasuh pinggan mangkuk
mašina za suđe, perilica

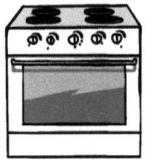

periuk dapur

peć

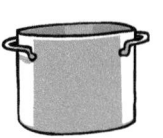

periuk

lonac

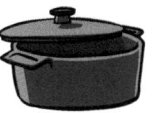

periuk besi

metalni lonac

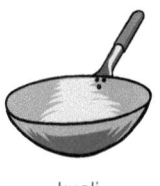

kuali

vok / kadai

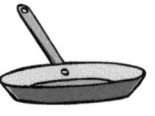

pan

tava, tiganj

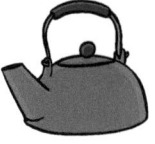

cerek

kuhalo

pengukus

aparat za kuhanje na pari

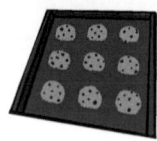

dulang pembakar

lim za pečenje

pinggan mangkuk

posuđe

koleh

šalica

mangkuk

činija

penyepit

kineski štapići

senduk

kutlača

spatula

lopatica

pengadun

metlica za snijeg bjelanjca

penapis

sito za kuhanje

ayak

sito

pemarut

ribež

mortar

avan s tučkom

barbeku

roštilj

pembakaran terbuka

ložište

papan pencincang
....
daska

pin golekan
....
oklagija

skru gabus
....
vadičep

tin
....
konzerva

pembuka tin
....
otvarač za konzerve

pemegang periuk
....
krpe za lonac

sinki
....
sudoper

berus
....
četka

span
....
spužva

pengisar
....
mikser

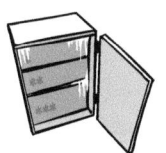

penyejuk beku
....
zamrzivač

botol bayi
....
flašica za bebu

paip
....
slavina

bilik air
kupatilo

mandi
tuš
pemanasan
grijanje
tuala
peškir
tirai mandi
zavjesa za tuš
mandi buih
pjenušava kupka
tab mandi
kada
gelas
čaša
mesin basuh
mašina za veš
paip
slavina
jubin
pločice
tandas
dječja kahlica
sinki
sudoper

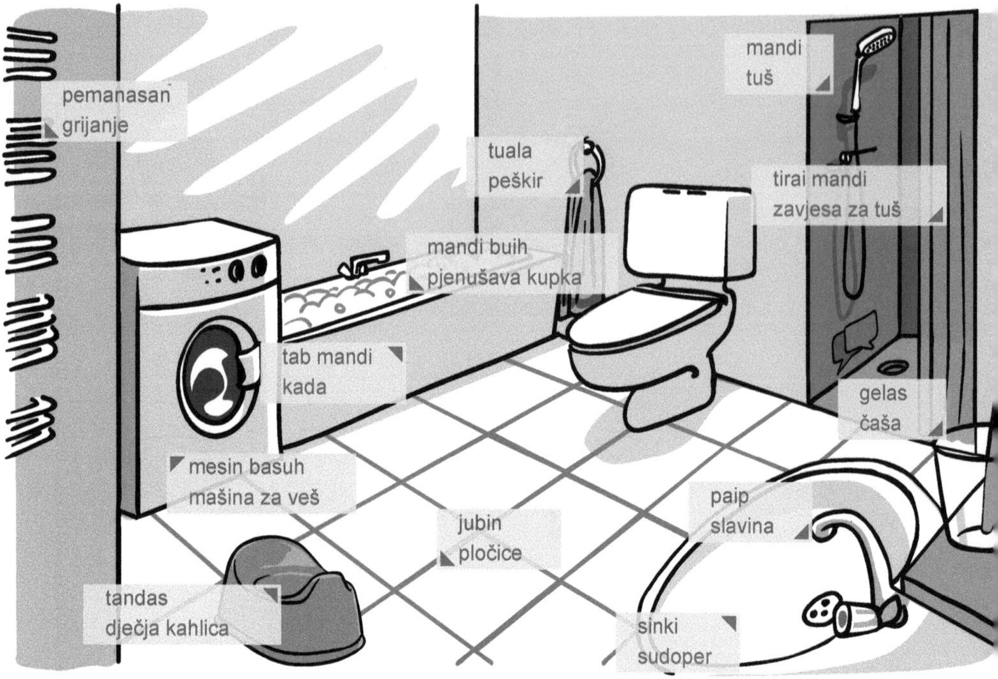

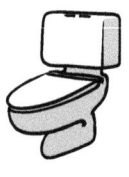

tandas

toalet

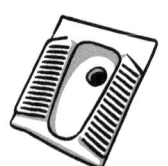

tandas mencangkung

čučavac

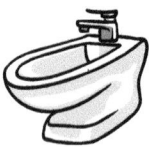

mangkuk tandas

bide

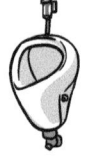

tandas awam

pisoar

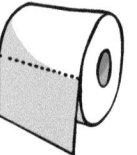

kertas tandas

toalet papir

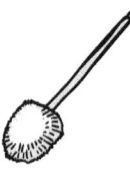

berus tandas

četka za wc

berus gigi

četkica za zube

ubat gigi

pasta za zube

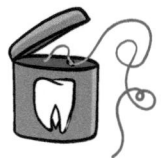

flos gigi

zubni konac

cuci

prati

mandian tangan

tuš

pancuran

intimni tuš

besen

lavor

belakang berus

četka za leđa

sabun

sapun

gel mandian

gel za tuširanje

syampu

šampon

flanel

krpe za pranje

longkang

odvod

krim

krema

deodoran

dezodorans

cermin
....
ogledalo

cermin tangan
....
ogledalo za šminkanje

pisau cukur
....
brijač

busa cukur
....
pjena za brijanje

selepas cukur
....
vodica poslije brijanja

sikat
....
češalj

berus
....
četka

pengering rambut
....
fen

semburan rambut
....
sprej za kosu

mekap
....
puder

gincu
....
karmin

varnis kuku
....
lak za nokte

bulu kapas
....
vata

gunting kuku
....
makazice za nokte

pewangi
....
parfem

beg basuhan

kozmetička torbica

bangku

hoklica

skala berat

vaga

jubah mandi

kupaći ogrtač

sarung tangan getah

rukavice za čišćenje

kapas

tampon

tuala wanita

uložak za dame

tandas kimia

hemijski toalet

bilik kanak-kanak
dječija soba

jam loceng
budilnik
mainan kegemaran
plišana igračka
kereta mainan
auto za igru
kerincing bayi
zvečka
rumah anak patung
kućica za lutke
hadiah
poklon

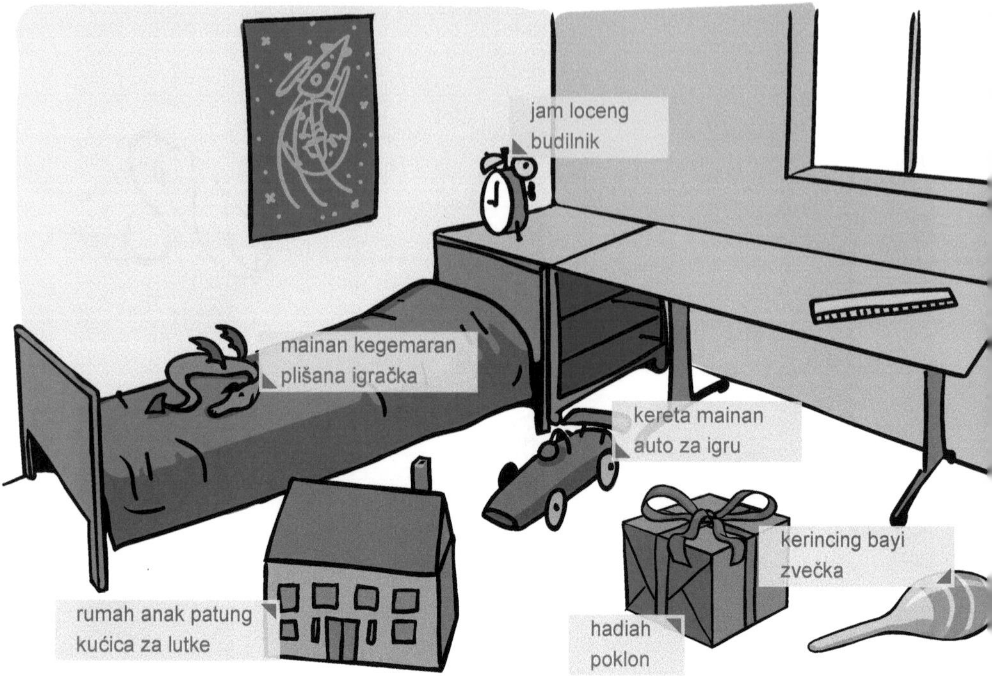

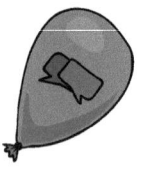

belon
balon

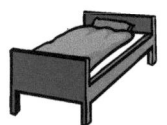

katil
krevet

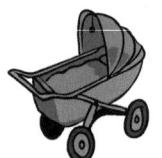

kereta sorong bayi
kolica za djecu

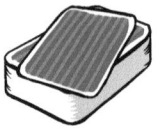

set kad
karte za igranje

susun suai gambar
puzle

SUPER
MEGA

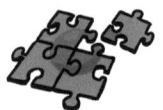

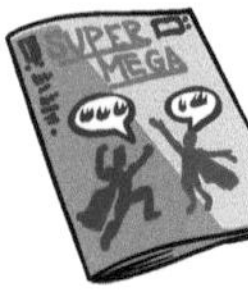

komik
strip

batu bata lego
lego kockice

blok mainan
kockice za gradnju

figura aksi
akcione figure

baju bayi
benkica

frisbee
frizbi

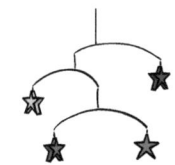

mainan bayi mudah alih
mobile

permainan papan
igra na ploči

dadu
kocka

set model kereta api
miniatura željeznice

palsu
cucla

parti
zabava

buku bergambar
slikovnica

bola
lopta

anak patung
lutka

main
igrati

lubang pasir

pješćanik

buai

ljuljačka

mainan

igračke

konsol permainan video

konzola za igru

basikal roda tiga

triciklo

anak patung beruang

medvjedić

almari pakaian

ormar

pakaian

odjeća

stoking

kratke čarape

stoking

čarape

ketat

hulahopke

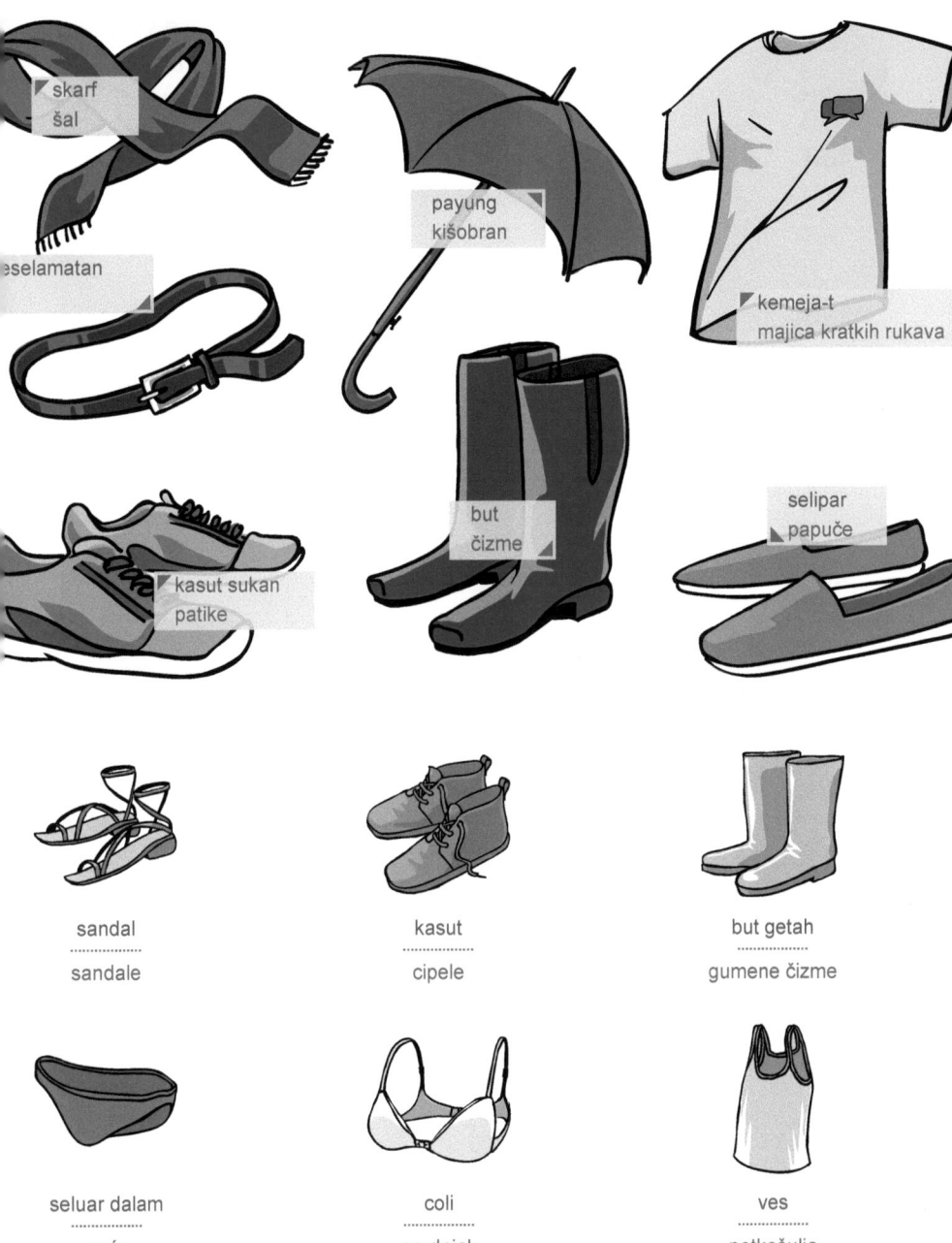

skarf
šal

payung
kišobran

eselamatan

kemeja-t
majica kratkih rukava

but
čizme

selipar
papuče

kasut sukan
patike

sandal
sandale

kasut
cipele

but getah
gumene čizme

seluar dalam
gaće

coli
grudnjak

ves
potkošulja

badan
bodi

Seluar panjang
hlače

jean
farmerke

skirt
suknja

blaus
bluza

kemeja
košulja

baju panas sarung
džemper

sweater
majica

blazer
sako

jaket
jakna

kot
mantil

baju hujan
kišni mantil

kostum
kostim

pakaian
haljina

baju pengantin
vjenčanica

pakaian - odjeća

sut

odijelo

baju tidur

spavaćica

baju tidur

pidžama

sari

sari

skarf kepala

marama

serban

turban

burqa

burka

kaftan

kaftan

abaya/jubah

abaja

baju renang

kupaći kostim

seluar renang

kupaće gaće

seluar pendek

kratke hlače

sut balapan

trenerka

apron

pregača

sarung tangan

rukavice

butang

dugme

cermin mata

naočare

gelang tangan

narukvica

rantai leher

ogrlica

cincin

prsten

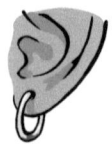

subang

naušnica

topi

kapa

penyangkut kot

vješalica

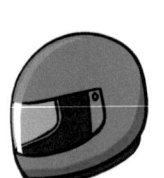

topi

šešir

tali leher

kravata

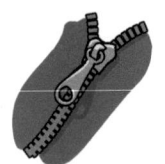

zip

patentni zatvarač

topi keledar

kaciga

pendakap

tregeri za hlače

uniform sekolah

školska uniforma

seragam

uniforma

pakaian - odjeća

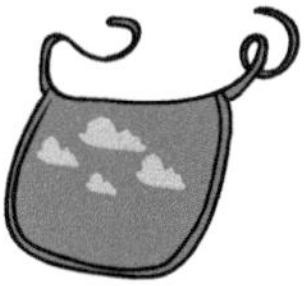

lapik dada

podbradak

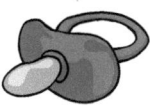

palsu

cucla

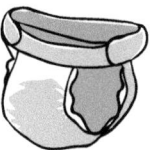

lampin

pelene

pejabat

ured

pelayan
server
kabinet fail
ormar za kartoteku
mesin pencetak
štampač
kertas
papir
monitor
monitor
tetikus
miš
meja
pisaći sto
folder
registrator
papan kekunci
tastatura
bakul sampah
korpa za papir
komputer
kompjuter
kerusi
stolica

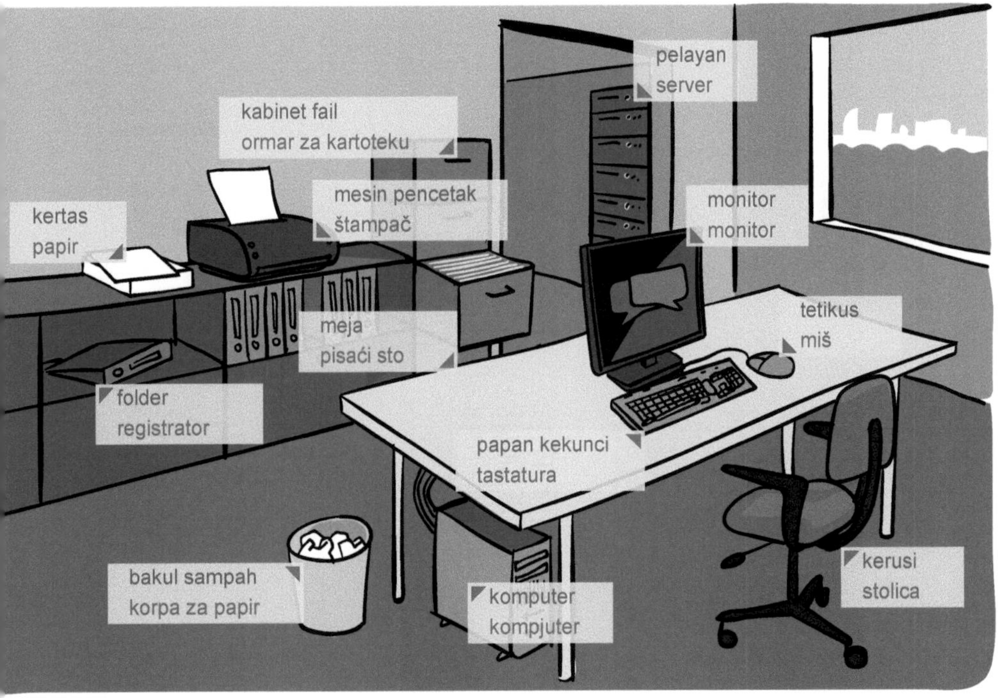

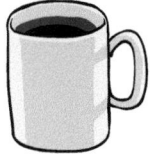

cawan kopi

šolja za kafu

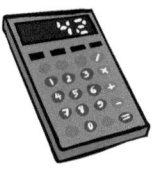

kalkulator

kalkulator

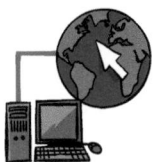

internet

internet

komputer riba
laptop

surat
pismo

mesej
poruka

mudah alih
mobilni telefon

rangkaian
mreža

mesin fotokopi
aparat za kopiranje

perisian
softver

telefon
telefon

soket plag
utičnica

mesin faks
faks

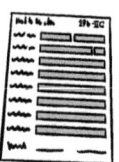

bentuk
formular

dokumen
dokument

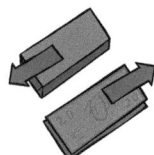

beli
kupovati

bayar
platiti

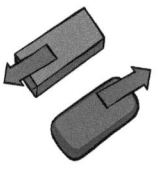

berdagang
trgovati

wang
novac

dolar
dolar

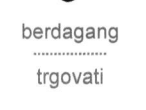

euro
euro

yen
jen

rubel
rublja

franc swiss
franak

renminbi yuan
renminbi jen

rupee
rupi

mata tunai
bankomat

pejabat tukaran mata wang

mjenjačnica

emas

zlato

perak

srebro

minyak

nafta

tenaga

energija

harga

cijena

kontrak

ugovor

cukai

porez

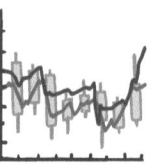

stok

akcija

kerja

raditi

pekerja

službenik

majikan

poslodavac

kilang

fabrika

kedai

radnja

ekonomi - ekonomija

pekerjaan
zanimanja

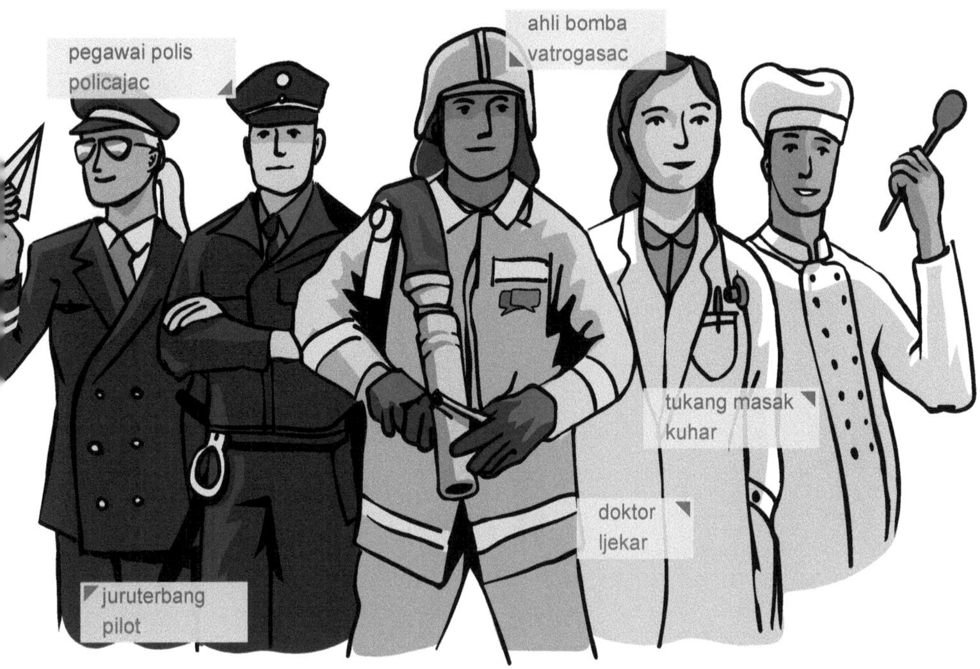

ahli bomba
vatrogasac
pegawai polis
policajac
tukang masak
kuhar
doktor
ljekar
juruterbang
pilot

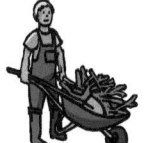

tukang kebun
bаštovan

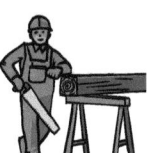

tukang kayu
stolar

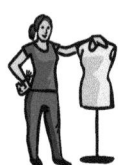

tukang jahit
krojačica

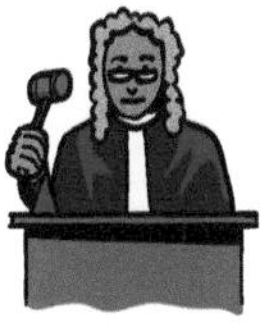

hakim
sudija

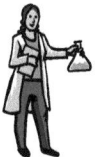

ahli kimia
hemičar

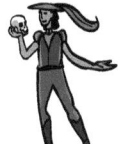

pelakon
glumac

pemandu bas

vozač autobusa

pemandu teksi

vozač taksija

nelayan

ribar

wanita pencuci

čistačica

kasau

krovopokrivač

pelayan

konobar

pemburu

lovac

pelukis

moler

bakeri

pekar

juruelektrik

električar

pembangun

građevinski radnik

jurutera

inženjer

penjual daging

koljač

tukang paip

limar, vodoinstalater

posmen

poštar

askar
vojnik

kedai bunga
cvjećar

pendandan rambut
frizer

mekanik
mehaničar

ahli sains
naučnik

sami
monah

arkitek
arhitekta

kapten
kapiten

tuhanku
rabin

paderi
sveštenik

juruwang
blagajnik

konduktor
kontrolor

doktor gigi
zubar

imam
imam

alat

alat

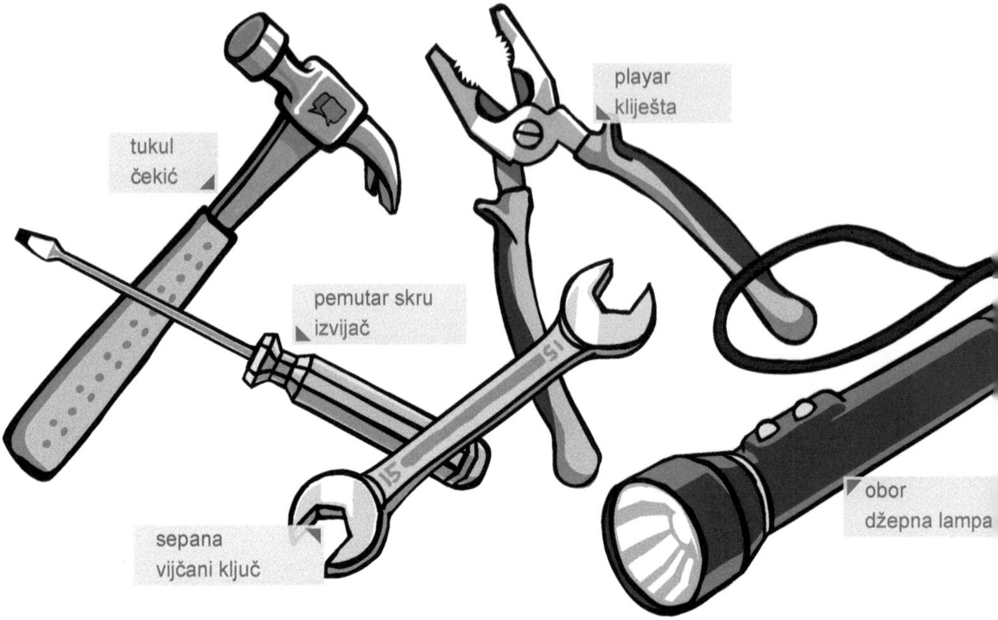
tukul
čekić
playar
kliješta
pemutar skru
izvijač
sepana
vijčani ključ
obor
džepna lampa

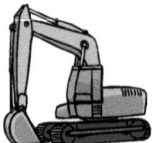

pengorek

bager

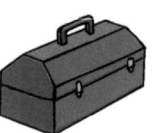

kotak peralatan

kutija sa alatom

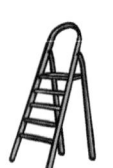

tangga

ljestve

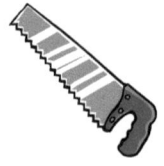

gergaji

testera, pila

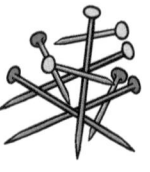

kuku

ekser

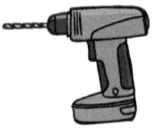

gerudi

bušilica

baiki
....
popraviti

penyodok
....
lopata

Celaka!
....
sranje!

penadah sampah
....
lopatica

periuk cat
....
kanta boje

skru
....
vijak

alat muzik
muzički instrumenti

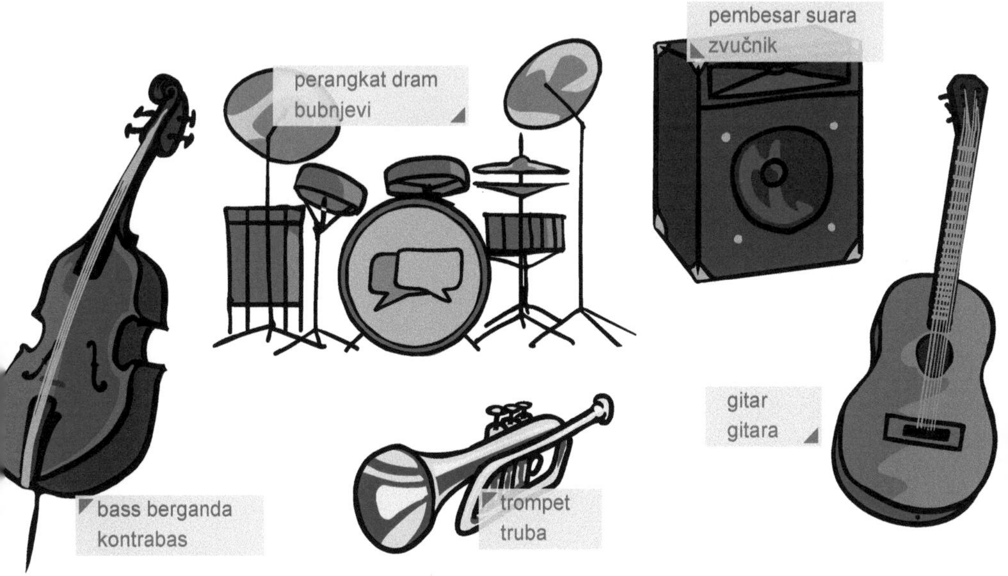

perangkat dram
bubnjevi

pembesar suara
zvučnik

gitar
gitara

bass berganda
kontrabas

trompet
truba

piano

klavir

biola

violina

bass

bas

timpani

bubanj timpani

dram

bubanj

papan kekunci

sintisajzer

saksofon

saksofon

seruling

flauta

mikrofon

mikrofon

zoo

zološki vrt

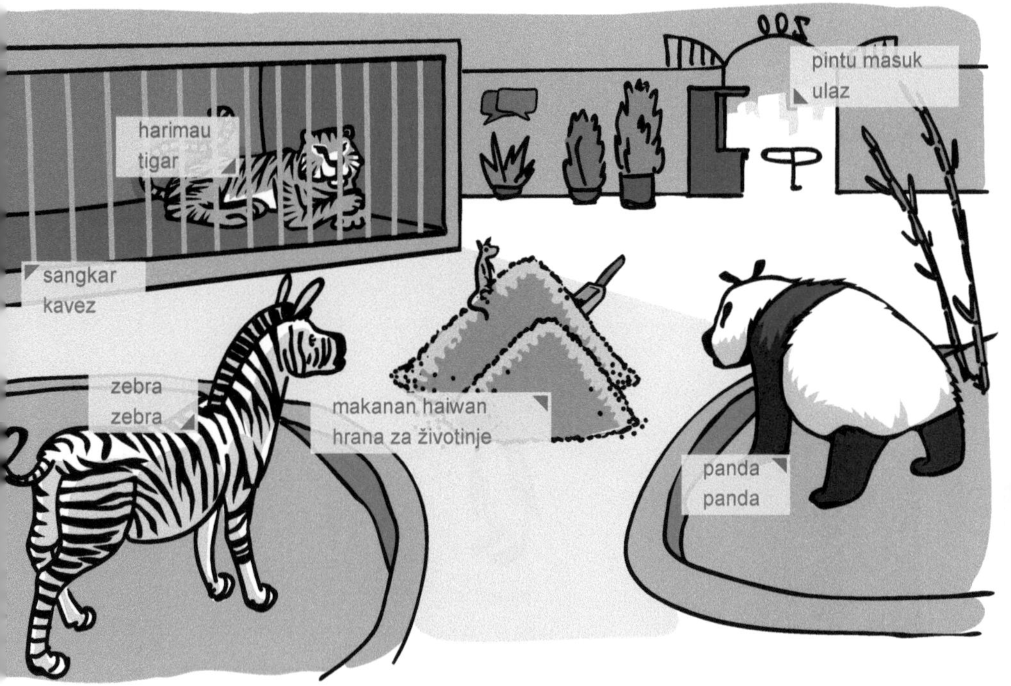
pintu masuk
ulaz
harimau
tigar
sangkar
kavez
zebra
zebra
makanan haiwan
hrana za životinje
panda
panda

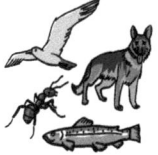

haiwan

životinje

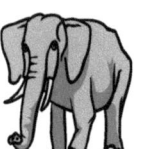

gajah

slon

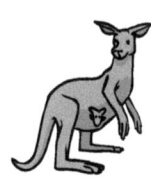

kanggaru

kengur

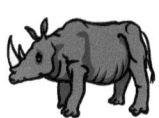

badak sumbu

nosorog

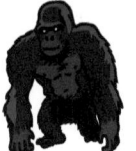

gorila

gorila

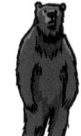

beruang

medvjed

unta
kamila

burung unta
noj

singa
lav

monyet
majmun

flamingo
flamingo

nuri
papagaj

beruang kutub
polarni medvjed

penguin
pingvin

yu
morski pas

merak
paun

ular
zmija

buaya
krokodil

penjaga zoo
čuvar u zološkom vrtu

anjing laut
tuljan

jaguar
jaguar

zoo - zološki vrt

kuda
poni

harimau
leopard

badak air
nilski konj

zirafah
žirafa

helang
orao

babi jantan
divlja svinja

ikan
riba

penyu
kornjača

anjing laut
morž

musang
lisica

rusa
gazela

bola sepak Amerika
američki fudbal

berbasikal
vožnja bicikla

tenis
tenis

bola keranjang
košarka

renang
plivanje

tinju
boks

hoki ais
hokej na ledu

bola sepak
fudbal

badminton
bedminton

olahraga
laka atletika

bola baling
rukomet

ski
skijanje

polo
polo

ketawa
smijati se

lompat
skakati

peluk
zagrliti

berjalan
ići

menyanyi
pjevati

mimpi
sanjati

berdoa
moliti

cium
ljubiti

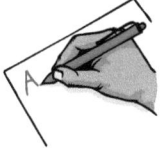

tulis
pisati

lukis
crtati

tunjuk
pokazati

tolak
gurati

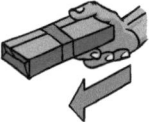

beri
dati

ambil
uzeti

ada
....
imati

buat
....
raditi

ialah
....
biti

berdiri
....
stajati

lari
....
trčati

tarik
....
vući

buang
....
baciti

jatuh
....
pasti

tipu
....
ležati

tunggu
....
čekati

bawa
....
nositi

duduk
....
sjediti

pakai
....
obući

tidur
....
spavati

bangkit
....
probuditi

lihat pada

pogledati

menangis

plakati

strok

milovati

sikat

češljati

cakap

govoriti

faham

razumjeti

tanya

pitati

dengar

slušati

minum

piti

makan

jesti

mengemas

pospremiti

sayang

voljeti

masak

kuhati

pandu

voziti

terbang

letjeti

aktiviti - aktivnosti

belayar

jedriti

kira

računati

baca

čitati

belajar

učiti

kerja

raditi

nikah

vjenčavti

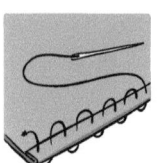

jahit

šiti

memberus gigi

prati zube

bunuh

ubiti

asap

pušiti

hantar

slati

aktiviti - aktivnosti

keluarga
porodica

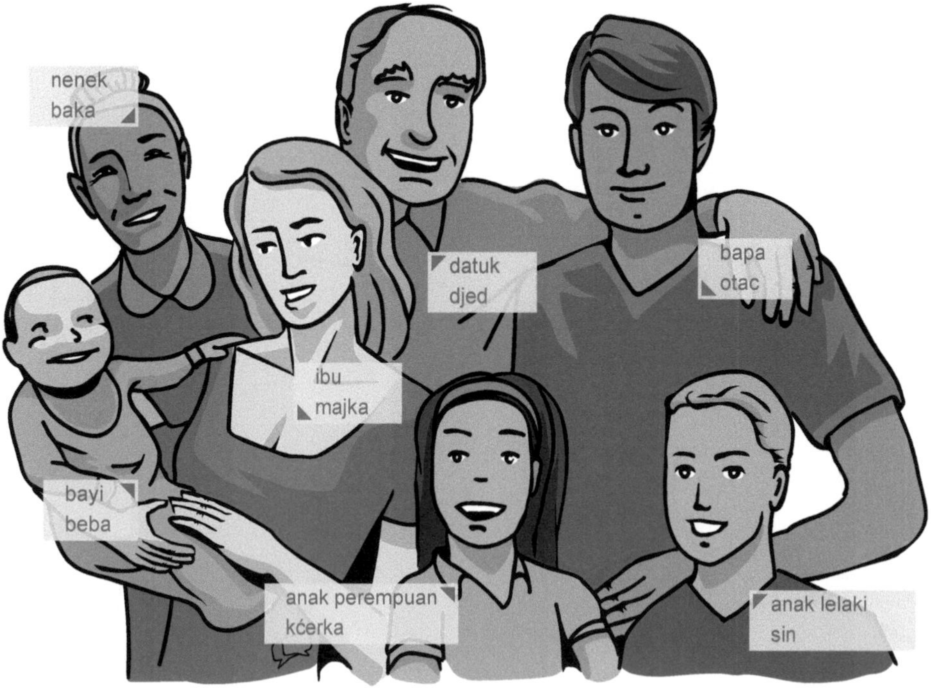
nenek
baka
datuk
djed
bapa
otac
ibu
majka
bayi
beba
anak perempuan
kćerka
anak lelaki
sin

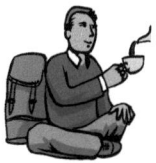

tetamu

gost

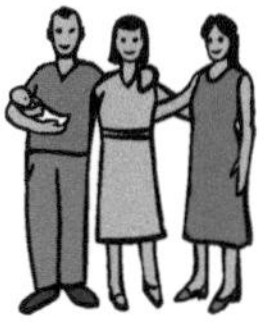

mak cik

ujna, tetka, strina

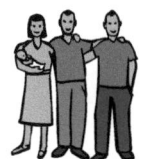

pak cik

ujak, tetak, stric

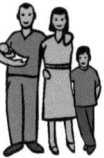

abang

brat

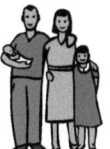

kakak

sestra

badan

tijelo

dahi
čelo
mata
oko
bahu
leđa
jari
prst
muka
lice
dagu
brada
tangan
ruka, šaka
kaki
noga
dada
grudi
lengan
ruka

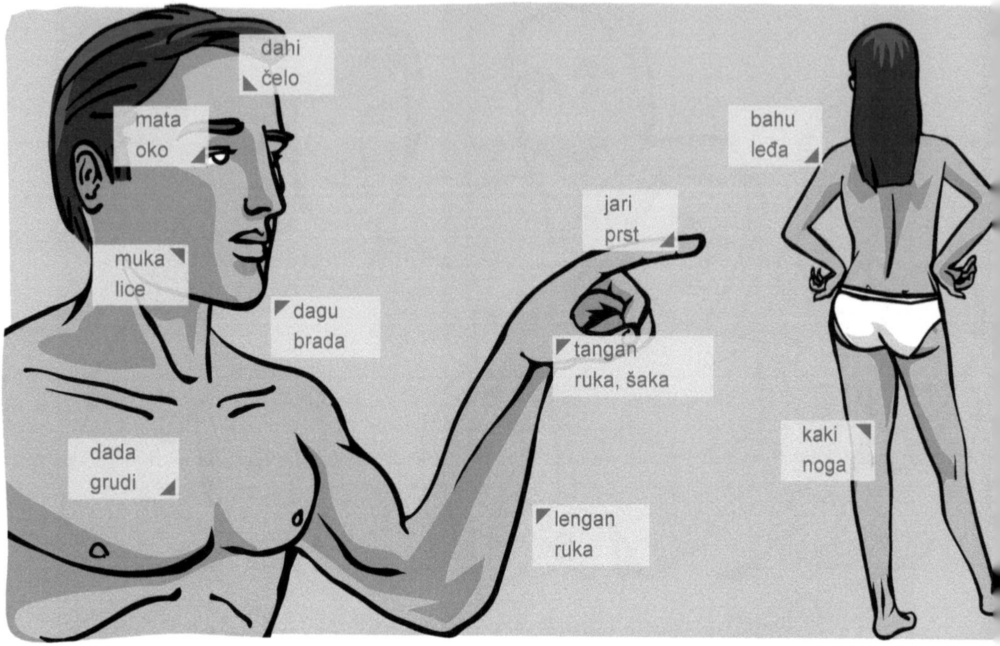

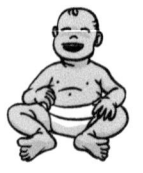

bayi
beba

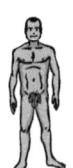

lelaki
muškarac

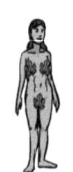

wanita
žena

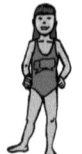

perempuan
djevojčica

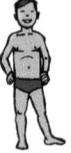

lelaki
dječak

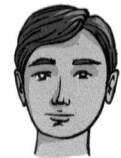

kepala
glava

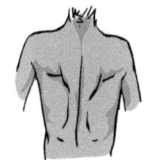

belakang
leđa

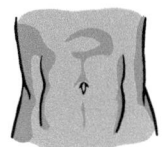

bawah perut
stomak

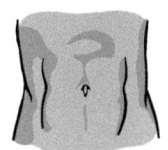

pusat
pupak

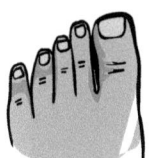

jari kaki
nožni prst

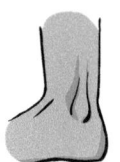

tumit
peta

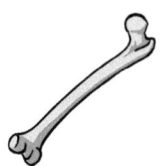

tulang
kosti

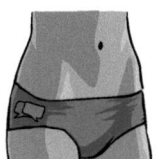

pinggul
kuk

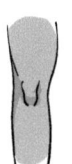

lutut
koljeno

siku
lakat

hidung
nos

bawah
stražnjica

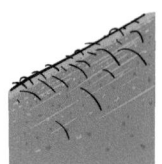

kulit
koža

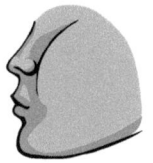

pipi
obraz

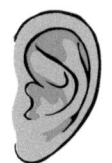

telinga
uho

bibir
usna

badan - tijelo

mulut

usta

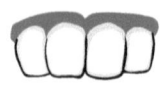

gigi

zub

lidah

jezik

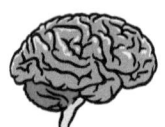

otak

mozak

hati

srce

otot

mišić

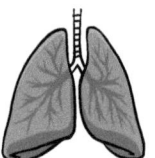

paru-paru

pluća

hati

jetra

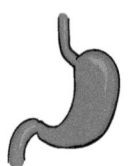

perut

želudac

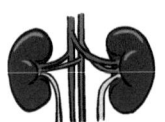

buah pinggang

bubreg

seks

spolni odnos

kondom

kondom

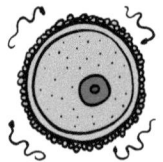

faraj

jajna ćelija

mani

sperma

mengandung

trudnoća

badan - tijelo

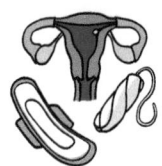

haid
menstruacija

faraj
vagina

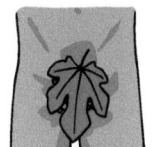

penis
penis

kening
obrva

rambut
kosa

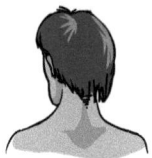

leher
vrat

hospital
bolnica

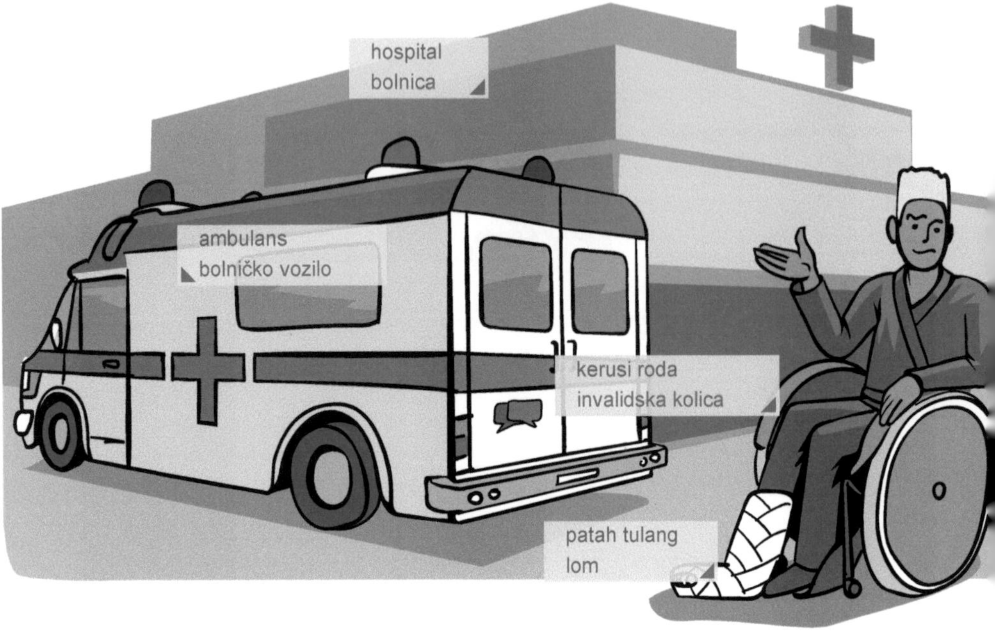

hospital
bolnica
ambulans
bolničko vozilo
kerusi roda
invalidska kolica
patah tulang
lom

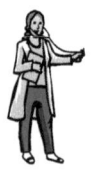

doktor

ljekar

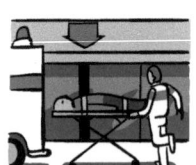

bilik kecemasan

hitna služba

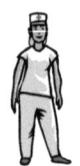

jururawat

medicinska sestra

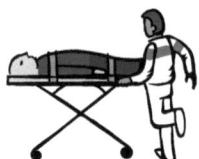

kecemasan

hitna pomoć

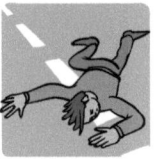

tak sedar

nesvjest

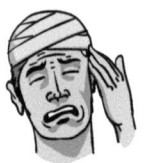

sakit

bol

kecederaan

povreda

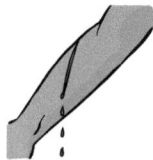

pendarahan

krvarenje

serangan jantung

srčani udar, infarkt

strok

moždani udar

alergi

alergija

batuk

kašalj

demam

groznica

selesema

gripa

cirit-birit

proljev

sakit kepala

glavobolja

kanser

rak

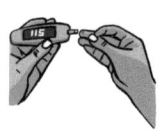

diabetes

dijabetes

pakar bedah

hirurg

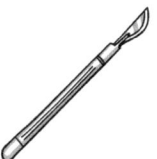

pisau bedah

skalpel

pembedahan

operacija

hospital - bolnica

CT
CT

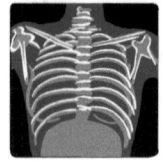

x-ray
rendgen

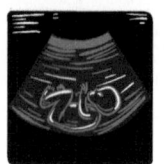

ultrabunyi
ultrazvuk

topeng muka
maska

penyakit
bolest

bilik menunggu
čekaonica

penongkat
štake

plaster
flaster

pembalut
zavoj

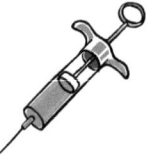

suntikan
injekcija

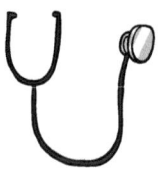

stetoskop
stetoskop

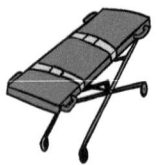

pengusung
nosilo

termometer klinik
termometar

kelahiran
porod

berat badan berlebihan
prekomjerna težina, debljina

alat pendengaran

slušni aparat

disinfektan

sredstvo za dezinfekciju

jangkitan

infekcija

virus

virus

HIV / AIDS

HIV/ AIDS

perubatan

medicina

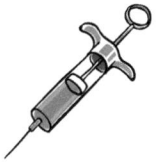

vaksinasi

vakcinacija

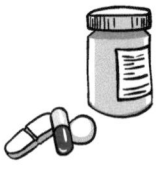

tablet

tablete

pil

pilula

panggilan kecemasan

hitni poziv

pantau tekanan darah

aparat za mjerenje pritiska

sakit / sihat

bolestan / zdrav

Tolong!

Upomoć!

penggera

alarm

serang

napad, prepad

serangan

napad

bahaya

opasnost

pintu kecemasan

izlaz u slučaju opasnosti

Api!

Požar!

alat pemadam api

vatrogasni aparat

kemalangan

nezgoda

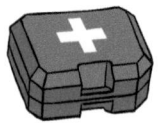

alat pertolongan cemas

torba prve pomoći

SOS

SOS

polis

policija

Eropah

Europa

Amerika Utara

Sjeverna Amerika

Amerika Selatan

Južna Amerika

Afrika

Afrika

Asia

Azija

Australia

Australija

Atlantic

Atlantik

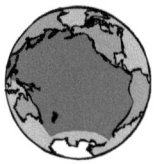

Pasifik

Pacifik

Lautan Hindi

Indijski okean

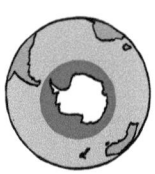

Lautan Antartik

Antarktički okean

Lautan Artik

Arktički okean

Kutub utara

Sjeverni pol

Kutub Selatan
....
Južni pol

Antartika
....
Antarktik

bumi
....
Zemlja

tanah
....
zemlja

laut
....
more

pulau
....
ostrvo

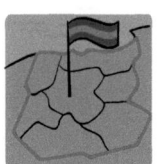

negara
....
nacija

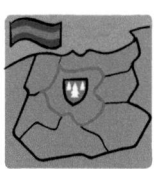

negeri
....
država

muka jam

brojčanik sata

tangan jam

kazaljka sata

tangan minit

kazaljka minute

terpakai

kazaljka sekunde

Jam berapa sekarang

Koliko je sati?

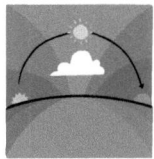

hari

dan

masa

vrijeme

sekarang

sada

jam digital

digitalni sat

minit

minuta

jam

sat

minggu
sedmica, nedjelja

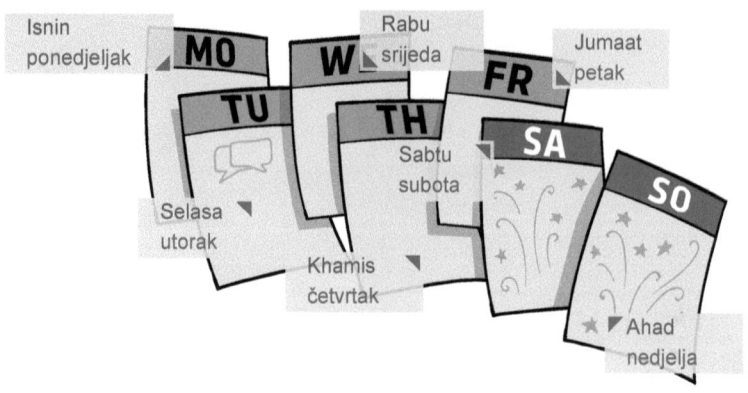

Isnin
ponedjeljak

Rabu
srijeda

Jumaat
petak

Selasa
utorak

Khamis
četvrtak

Sabtu
subota

Ahad
nedjelja

semalam

juče

hari ini

danas

esok

sutra

pagi

jutro

tengah hari

podne

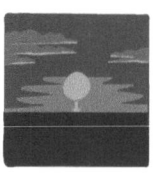

petang

veče

hari kerja

radni dani

hari minggu

vikend

hujan
kiša

pelangi
duga

angin
vjetar

salji
snijeg

musim bunga
proljeće

musim luruh
jesen

musim panas
ljeto

musim salji
zima

4.APRIL	11°	☀
5.APRIL	4°	
6.APRIL	13°	
7.APRIL	8°	☀
8.APRIL	10°	☀

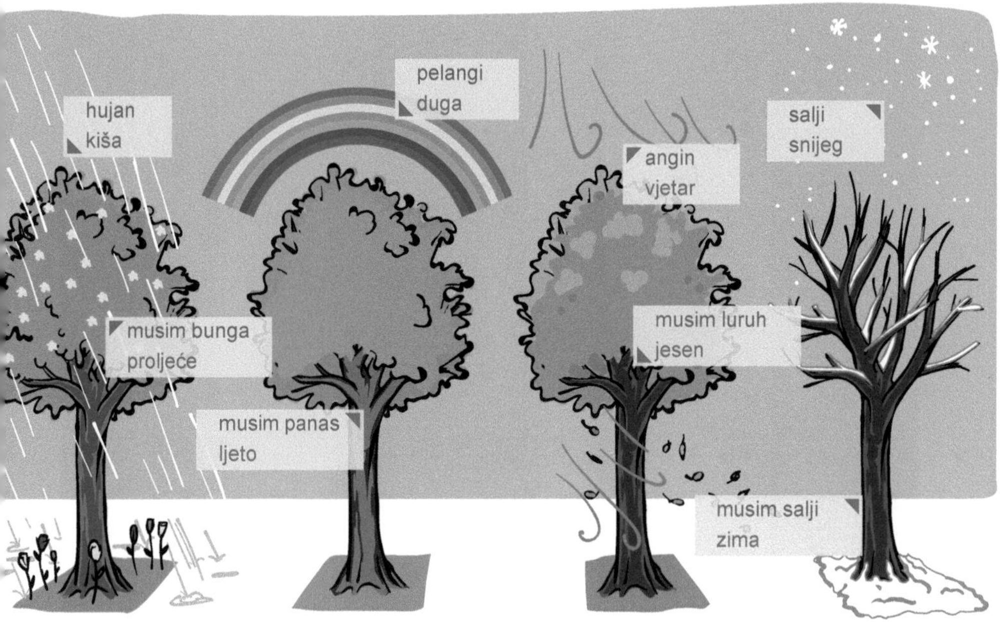

ramalan cuaca

prognoza vremena

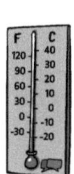

termometer

termometar

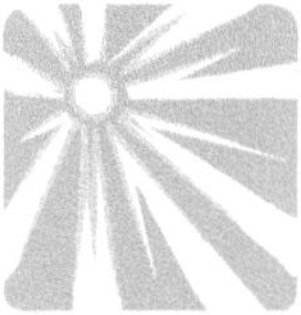

sinar matahari

sunčev sjaj

awan

oblak

kabus

magla

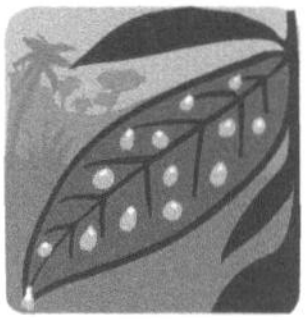

lembapan

vlažnost vazduha

kilat
....
munja

petir
....
grom

ribut
....
oluja

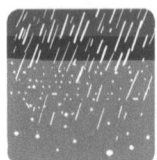

hujan batu
....
tuča, led

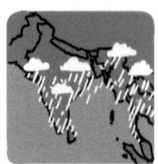

monsun
....
monsun

banjir
....
poplava

ais
....
led

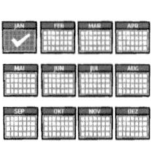

Januari
....
januar

Februari
....
februar

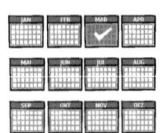

Mac
....
mart

April
....
april

Mei
....
maj

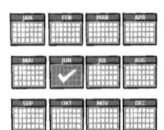

Jun
....
juni

Julai
....
juli

Ogos
....
avgust

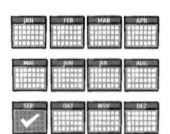

September
septembar

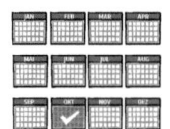

Oktober
oktobar

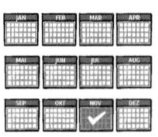

November
novembar

Disember
decembar

bentuk
oblici

bulatan
krug

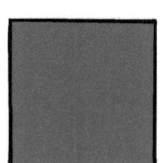

petak
kvadrat

segi empat tepat
pravougao

segitiga
trougao

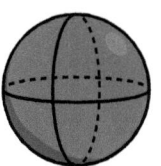

sfera
kugla

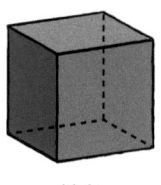

kiub
kocka

putih

bjel

kuning

žut

oren

narandžast

merah jambu

pink

merah

crven

ungu

ljubičast

biru

plav

hijau

zelen

coklat

smeđ

kelabu

siv

hitam

crn

banyak / sedikit

malo / mnogo

marah / tenang

ljutit / miran

cantik / hodoh

lijep / ružan

bermula / tamat

početak / kraj

besar kecil

veliki / mali

terang / gelap

svijetlo / tamno

abang / kakak

brat / sestra

bersih / kotor

čist / prljav

lengkap / tidak lengkap

potpun / nepotpun

hari / malam

dan / noć

mati / hidup

mrtav / živ

luas / sempit

široko / usko

boleh dimakan / tidak boleh dimakan

ukusno / neukusno

jahat / baik

zao / prijatan

teruja / bosan

uzbuđen / dosadan

gemuk / kurus

debeo / mršav

pertama / terakhir

najprije / najkasnije

kawan / musuh

prijatelj / neprijatelj

penuh / kosong

pun / prazan

keras / lembut

trvd / mekan

berat / ringan

težak / lagan

lapar / dahaga

glad / žeđ

sakit / sihat

bolestan / zdrav

menyalahi undang-undang / undang-undang

ilegalan / legalan

pintar / bodoh

inteligentan / glup

kiri / kanan

lijevo / desno

dekat / jauh

blizu / daleko

baru / lama

nov / polovan

tiada / sesuatu

ništa / nešto

tua / muda

star / mlad

hidup / mati

uključeno / isključeno

terbuka / tertutup

otvoreno / zatvoreno

diam / bising

tiho / glasno

kaya / miskin

bogat / siromašan

betul / salah

tačno / pogrešno

kasar / halus

hrapav / glatak

sedih / gembira

tužan / srećan

pendek / panjang

kratak / dug

lambat / laju

spor / brz

basah / kering

mokro / suho

panas / sejuk

toplo / hladno

berperang / berdamai

rat / mir

0

sifar

nula

1

satu

jedan

2

dua

dva

3

tiga

tri

4

empat

četiri

5

lima

pet

6

enam

šest

7

tujuh

sedam

8

lapan

osam

9

sembilan

devet

10

sepuluh

deset

11

sebelas

jedanaest

12

dua belas

dvanaest

13

tiga belas

trinaest

14

empat belas

četrnaest

15

lima belas

petnaest

16

enam belas

šesnaest

17

tujuh belas

sedamnaest

18

lapan belas

osamnaest

19

Sembilan belas

devetnaest

20

dua puluh

dvadeset

100

ratus

sto

1.000

ribu

hiljada

1.000.000

juta

milion

Bahasa Inggeris

engleski

Bahasa Inggeris Amerika

američki engleski

Bahasa Cina Mandarin

kinesko mandarinski

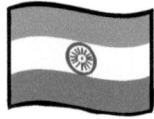

Bahasa Hindi

hindi

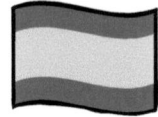

Bahasa Sepanyol

španski

Bahasa Perancis

francuski

Bahasa Arab

arapski

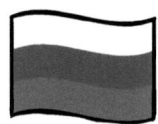

Bahasa Rusia

ruski

Bahasa Portugis

portugalski

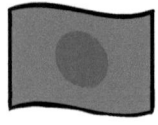

Bahasa Benggali

bengalski

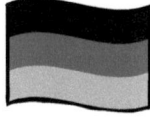

Bahasa Jerman

njemački

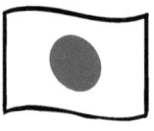

Bahasa Jepun

japanski

saya

ja

anda

ti

dia / dia / ia

on / ona / ono

kita

mi

anda

vi

mereka

oni

siapa?

ko?

apa?

šta?

bagaimana?

kako?

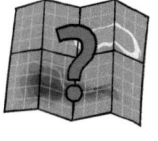

di mana?

gdje?

bila?

kada?

nama

ime

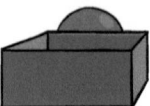

belakang

iza

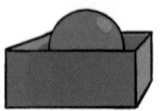

dalam

u

di hadapan

pred

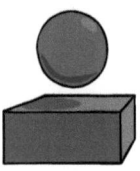

lebih

iznad

pada

na

di bawah

ispod

bersebelahan

pored

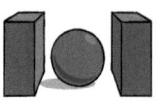

antara

između

tempat

mjesto